ESTÁ ESCRITO

Rune Larsen

Derechos de Autor

Está escrito

Publicado por Autor - Rune Larsen

www.SecretRevelations.com

Todos los derechos reservados.
Ninguna parte de este libro debe ser reproducido o transmitido de cualquier forma ni por ningún medio, dispositivo electrónico, o mecánico, incluida la fotocopia, reproducción o uso de una base de información y un sistema de recuperación, sin el permiso por escrito del titular de los derechos de autor.

Toda citación Bíblica son referidas del New King James Version®. Copyright © 1982 por Thomas Nelson. Usado con permiso. Todos los derechos reservados. A menos que se indique lo contrario.

ISBN; 978-82-93411-16-1

Diseño de portada por Panagiotis Lampridis

Prólogo

1. Sin las Revelaciones Divinas, las personas perecerán.

"Donde no hay visión, el pueblo perecerá, pero los que obedecen la ley son felices". (Proverbios 29:18 KJV)

Leemos la palabra **visión**, en Hebreo; Chazown. Significa; **Revelaciones.**

La siguiente palabra en Proverbios 29:18 es, perecerá. En Hebreo; **Para**, y significa; **Muerte espiritual - reincidir.**

-Aquellos que no obtengan revelaciones del Señor reincidirán a una muerte espiritual.

2. Leamos Proverbios 11:2;

"Cuando llega la arrogancia, llega también la deshonra, pero la sabiduría está con los modestos". (Proverbios 11:2)

Arrogancia es de la palabra Hebrea **zadown**. Significa; Arrogancia, presuntuosamente, orgullo, orgulloso.

La siguiente palabra en este versículo es probablemente una de las palabras más importantes relacionadas al orgullo, y de lo que le sucederá a quienes dejan que el orgullo controle su vida y sus decisiones.

-Leemos la palabra **deshonra**, en Hebreo; **Qalown**, y significa; Deshonra, vergüenza, **confusión**.

Leamos Proverbios 11:2, pero esta vez con una revelación; Cuando eres orgulloso en la vida y en tus acciones, la confusión seguirá sin demora.

Muchos dejan que sus emociones y sus pensamientos edifiquen un palacio de orgullo en sus vidas. Satanás envía sus pensamientos anti-cristianos que contienen nada más que engaños.
Los 'creyentes' que no vivan en la obediencia ni el discernimiento, terminarán edificando un palacio de orgullo que crece cada día, como por arte de magia.
-Cuando adaptas la confusión a tu vida como creyente, no es posible que obtengas revelaciones del Señor.

Egoísmo; El hábito de solo valorar tus propios intereses y tu individualismo.

3. Orgullo

El orgullo es algo. Es una 'cosa' del cual al aceptarlo te hace volver un dueño infeliz. El orgullo te encierra como en una prisión de máxima seguridad, y no logras ver la verdad que existe en el exterior.
Es ahora que palabras como egoísta, arrogante, egoísmo, vienen a la mente. Y las usamos para nosotros mismos, pero en realidad, lo usamos en contra del Señor.
¿Por qué? Porque no mostramos disposición de seguirlo como Él dice.

-Amamos nuestra forma de hacer las cosas, dado a que sigue las normas del mundo.

¿De dónde viene el orgullo?

_____

Respuesta; "Porque nada de lo que hay en el mundo - los deseos de la carne, los deseos de los ojos y la ostentación de las cosas que uno tiene - provienen del Padre, sino que provienen del mundo". (1 Juan 2:16)

El Señor no está con los orgullosos. Pero si te arrepientes y te humillas, y empiezas a hacer lo que él dice, él estará ahí con toda su gracia.

Una vida tocando fondo
"La arrogancia del hombre lo humillará, pero quien sea humilde conseguirá la gloria". (Proverbios 29:23)

Concentren su mente en las cosas de arriba
"Pero, si ustedes fueron resucitados con el Cristo, sigan buscando las cosas de arriba, donde el Cristo está sentado a la derecha de Dios. Concentren su mente en las cosas de arriba, no en las cosas de la tierra. Porque ustedes murieron, y su vida está escondida con el Cristo en unión con Dios. Cuando el Cristo, nuestra vida, sea puesto de manifiesto, entonces ustedes también serán puestos de manifiesto con él en gloria".
(Colosenses 3:1-3)

4. ¿Qué le pasaría a un creyente cuando use el orgullo en contra de las escrituras? (Proverbios 11:2)

_____

Respuesta; El será confundido en todos sus caminos.

5. ¿Qué nos dice Juan 8:34-36 y Romanos 6:16?

(1) Juan 8:34-36_____

Respuesta; Todo el que peca es esclavo del pecado.

(2) Romanos 6:16_____

Respuesta; ¿No saben que, si se ofrecen a alguien como esclavos obedientes, se hacen esclavos de aquel a quien obedecen, sea del pecado, que lleva a la muerte, o de la obediencia, que lleva a la justicia?

6. ¿Es posible ser un Cristiano y negar al Señor con nuestras acciones? (Tito 1:16)

_____

Respuesta; Si. Declaran públicamente que conocen a Dios, pero por sus obras demuestran que lo rechazan, porque ellos son detestables y desobedientes y no han sido aprobados para hacer ningún tipo de buena obra.

Ser desobediente a lo que dice el Señor es la forma más común entre los creyentes de negarlo. El Señor dice; Haz esto, así. El creyente dice; No, ¡ese no es mi llamada!

7. ¿Qué te dice Jesús en Marcos 16:15?

Tu respuesta;_____

_____

8. Obtener revelaciones divinas es la tarea más crucial que tienes para el Señor

Es de gran importancia de que llegues a cierta posición en tu vida para poder empezar a recibir revelaciones.

Si un creyente no está dispuesto a pagar el precio de salir al mundo y predicar el evangelio, ¿deberíamos esperar que reciba secretos celestiales del Señor? Pues, la obediencia en todas las cosas es la clave.

-Si eliges en solo sentarte y escuchar la palabra, te engañarás a ti mismo. (Santiago 1:22)

9. Ya has estudiado varias preguntas con las respuestas escritas debajo de ellas

En el resto del libro, eres tu quien debe encontrar las respuestas en tu Biblia. Algunas de las preguntas no hacen referencia a un versículo bíblico. Esto es por que debes tomar nota de tu sabiduría divina.

Te insto a que también tengas tranquilidad cuando estudies con este libro. Sé muy sensible a la voz del Señor cuando se trata de revelaciones de él cuando estudies estas preguntas.

Este libro está escrito únicamente por las revelaciones del Señor. Así que considera esto; Cuando se escribe revelaciones divinas, ellas se irán revelando más. Esto significa en pocas palabras que; Si se familiariza más con las revelaciones de este libro, no te sorprendas si se te revelan más.

Notas;

_____

_____

_____

_____

_____

_____

_____

_____

Introducción

Tus fundamentos bíblicos y acciones dan camino a la sabiduría y el entendimiento. (Revelaciones)

Está escrito; Es un libro de discipulado basado en la biblia, y usa la Santa Biblia como libro de texto.
Este libro contiene 12 lecciones, con aproximadamente 9-15 preguntas en cada lección. Esto te da más de 130 preguntas con los que puedes estudiar.

Después de cada capítulo en este libro, encontrarás respuestas-explicaciones a las preguntas. No los busques por anticipado, más bien encuentra las respuestas a través de la Biblia para encontrar las revelaciones en ella.

Las revelaciones no pueden ser comprendidas sin el razonamiento de la mente. El Señor te las da.
-Tu disposición de seguir al Señor como él dice provee revelaciones.

Puedes optar por trabajar con este libro a solas, con tu familia, o en una congregación.

1. La clave para las revelaciones y el poder de Dios es la obediencia.

(1) Un par de zapatos se encuentra sobre una repisa de zapatos. Estos zapatos se ven nuevos y sin ningún rasguño. Tal vez solo son usados para el vehículo y dentro de la 'congregación'.
-Estaba escrito en ambos zapatos; Un oidor de la palabra.

(2) En el piso debajo de la repisa de zapatos, se encuentra otro par de zapatos. Estos zapatos tenían una gran influencia por su uso laborioso en el campo.
-Sobre estos zapatos, estaba escrito; Un hacedor de la palabra. (Santiago 1:22)

¿Qué representan los zapatos en Efesios 6:15?

___

Respuesta; Los zapatos representan; Salgan al mundo y prediquen el evangelio a toda criatura. (Marcos 16:15)

Notas;
Imaginen un caballero medieval de pie con 100 libras de armadura, pero le faltan sus zapatos de armadura.
Un soldado con armadura pero sin zapatos no es muy eficiente en combate. (Efesios 6:15)
-Con el intento más pequeño del enemigo (Satanás), caerás.

Los zapatos tienden a ser omitidos en las enseñanzas de los 'pastores'. Solo existe una razón para esto; El no está interesado en salir al mundo con el evangelio del Señor, pero prefiere permanecer sobre su pedestal (una plataforma elevada) y hablar a sus ovejas oyentes.

-No lograrás conseguir las demás partes de la armadura si no estás dispuesto a empezar caminando, como dice el Señor.

2. La obediencia a lo que leemos es de gran importancia

Cuando empiezas a tomar en serio al Señor, el te responderá de la misma manera. Si no has hecho esto con tu vida, ahora es el tiempo.
Pasa tu tiempo con este libro. Lo que aprendas de ella te pertenece. Las revelaciones que obtendrás de ella, se las puedes dar a otros. Si hacen lo mismo que tu, terminamos formando parte del pueblo de Dios que hacen discípulos. (Mateo 28:19)

Si el Señor lo dice; Es así, como debemos obedecerle de nuestros corazones. Si el Señor lo dice; Enfrenta al mundo llevando mi evangelio, debemos actuar en base a esas escrituras. Tristemente, muchos creyentes se quedan en casa rogándole al Señor día tras día para saber qué hacer. Si está escrito, está escrito para que nosotros lo hagamos. Si no lo hacemos, no creemos en lo que dice el Señor.

Los primeros pasos que tomas en Marcos 16:15 es como caminar sobre agua (el cual es una imagen de ti moviéndote en direcciones que parecen imposibles).
Pero debes decidir por ti mismo sobre tomar estos pasos, ya que nadie que te rodee o que esté en tu congregación puede decidir esto por ti.

Dios no te da todo el entendimiento por adelantado. Pero él promete que te <u>seguirán</u> señales y maravillas mientras actúes en lo que crees.

Espero que puedas disfrutar y sacar al máximo el contenido de este libro.

Que el Señor te bendiga a ti y a los tuyos en abundancia.

Autor - Rune Larsen

Notas;

_____

_____

_____

_____

_____

_____

_____

_____

_____

CONTENIDO

Evidencias 'científicas' bíblicas 1
La palabra es Dios 11
Éxodos 19
La Sangre de Jesús - Parte 1 27
La sangre de Jesús - Parte 2 31
La cruz La evidencia del pecado humano 35
Que dice la biblia sobre; 41
El padre de todas las mentiras 53
Discernir a los espíritus o perder la batalla 65
El poder de las palabras 75
¿Desobediente? 85
Paraíso de los Calumniadores 93
Muchas gracias por leer este libro 103

LECCIÓN 1

Evidencias 'científicas' bíblicas

Aquí hay evidencia convincente de que la Biblia no es un libro ordinario.

1. Esto fue escrito en el libro de Jeremías hace 2500 años;

"Tan seguro como que no puede contarse el **ejercito de los cielos**, ni medirse la arena del mar". (Jeremías 33:22)

La Biblia dice que existen billones de estrellas, y el número de ellos no pueden ser medidos, como la arena del mar. El ejército de los cielos es el término bíblico de las estrellas.
-Hoy sabemos que existen billones de estrellas y que no pueden ser contadas.

2. ¿Qué escribió Isaías hace 2800 años en el Capítulo 40, versículo 22?

_____

_____

_____

3. ¿Qué es lo que dice la Biblia de la separación (cuarentena) a los enfermos de los sanos? (Levítico 13:46)

_____

4. ¿Qué escribió Job hace 3500 años en el capítulo 26, versículo 7?

_____

_____

5. ¿Qué fue escrito en Hebreos 11:3, hace 2000 años, sobre cómo fueron creadas las cosas?

_____

_____

6. Hasta hace 120 años, los enfermos eran 'desangrados', y muchos han muerto por esta práctica. ¿Qué fue escrito en Levítico 17:11, hace 3000 años?

_____

_____

_____

7. **Jonás 2:6** (Escrito hace 2.800 años)

"Me hundí hasta los cimientos de las montañas. Las barras de la tierra iban a encerrarme para siempre. Pero sacaste mi vida del hoyo, oh SEÑOR mi Dios".

Cuando Jonás estuvo en las profundidades del océano, hablo sobre bajar a los 'cimientos de las montañas'. Solo en años recientes es que se ha descubierto que existen montañas en el piso del océano.

El abismo de Challenger en la Fosa de las Marianas es conocido por ser el punto más profundo en los océanos de la tierra. Es de aproximadamente 10.994 metros (36.070 pies) por debajo del nivel del mar.

8. ¿Qué dijo Dios en Job 38:35, hace 3500 años?

_____

9. ¿Cómo desaparecieron los dinosaurios? Dios habla sobre ello en Job 40:15-24, hace 3500 años.

_____

_____

_____

_____

10. ¿Qué dijo Dios sobre la nieve hace 3500 años en Job 38:22?

_____

_____

11. ¿Permanece inmóvil el sol, o se pone en órbita? (Salmo 19:4-6)

_____

Notas;

_____

_____

_____

_____

_____

_____

_____

Respuestas a la Lección 1
Evidencia 'científica' bíblica

2. La tierra es una esfera. (Redonda)

3.
Está escrito;
"Será impuro todo el tiempo que tenga la enfermedad. Como es impuro, tiene que vivir aislado. Vivirá fuera del campamento". (Levítico 13:46)

En 1490 A.C Levítico nos da instrucciones en el capítulo 13, versículo 46, de que es lo que debemos hacer cuando alguien tiene lepra. "Será impuro todo el tiempo que tenga la enfermedad. Como es impuro, tiene que vivir aislado. Vivirá fuera del campamento". (Lo cual significa que no debe permanecer dentro de la casa con los enfermos, pero en cuarentena o aislamiento)

El hombre no estaba al tanto de las leyes de cuarentena antes del siglo 17.
La devastadora peste negra arrebató la vida de 17 millones.
Dado a que fracasaron en separar a los enfermos de los sanos.
-Si lo hubieran puesto en práctica, la ordenanza de la cuarentena que mencionan las escrituras habrían salvado millones de vidas.

4. "El extiende el cielo del norte sobre el vacío, suspende la tierra sobre nada". (Job 26:7)

La Biblia dice que la tierra que la tierra flotaba libremente en el espacio. La ciencia en aquellos tiempos pensaba que la tierra se encontraba sentado sobre un animal gigante, y el sentado sobre otro y consecutivamente lo mismo.
-Hoy sabemos que la tierra se encuentra libremente suspendida en el espacio.

5. "Por la fe, percibimos que los sistemas fueron puestos en orden por la palabra de Dios, de modo que lo que se ve ha llegado a existir a partir de cosas visibles". (Hebreos 11:3)

La Biblia dice que toda creación está hecha de material visible. La ciencia fue ignorante de dicho tema.
-Sabemos hoy la creación entera está hecha de elementos invisibles llamados 'átomos'.

6. "Porque la vida de la carne está en la sangre".

Las Escrituras declaran que la sangre es la fuente de la vida. Hoy sabemos que la sangre es la fuente de la vida. Si pierdes tu sangre, perderás tu vida.

8. "¿Puedes enviar rayos? ¿Vendrán ellos y te dirán: '¡Aquí estamos!'?" (Job 38:35)

La Biblia dice aquí que la luz puede ser enviada, y luego manifestarse en habla. ¿Sabías que las ondas radiales se mueven a la velocidad de la luz? Por esto es que puedes tener comunicación instantánea inalámbrica con alguien del otro lado de la tierra.
-La ciencia no descubrió esto hasta 1864.

9. "Piensa en Behemot, yo lo hice a él y te hice a ti. El come hierba, igual que el toro. ¡Fíjate en la fuerza de sus caderas y en el poder de sus músculos de su vientre! Él endereza su cola como un cedro; los tendones de su muslo están entrelazados. Sus huesos son tubos de cobre; sus patas son como varas de hierro forjado. Ocupa el primer lugar entre las obras de Dios; solo su creador puede acercarse a él con la espada. Su alimento lo producen las montañas, donde juegan todos los animales salvajes. Se echa a descansar sobre los arboles de loto, al abrigo de las cañas del pantano. Los árboles de loto lo cubren con su sombra y lo rodean los álamos del valle. Si el río baja turbulento, no lo invade el pánico. Se siente seguro, aunque el Jordán estrelle contra su boca. ¿Puede alguien capturarlo mientras vigila o perforarle el hocico con un gancho?" (Job 40:15-24 KJV)

El Behemot era la más grande de las criaturas que creó Dios. Su nariz perforaba los ganchos. Su cola era como un árbol inmenso. (Un cedro)
Tenía huesos poderosos. Su hábitat era entre los árboles. Se alimentaba de las hierbas. (Herbívoro)
Tomaba cantidades masivas de agua, y su fuerza se encontraba en sus caderas.

Leamos lo que les paso en Job 40:19; "...solo su Creador puede acercarse a él con su espada".
En otras palabras, Dios causó, a la criatura más grande que Él había creado, su extinción.
-Del polvo venimos, y al polvo volvemos. Dios enterró a los Dinosaurios.

10. Dios dice, "¿Has entrado en los depósitos de la nieve?"

No fue antes de que la humanidad tuviera el microscopio, que vendría a descubrir que cada copo de nieve es un tesoro simétrico único.

11. Leámoslo juntos;
Salmo 19:4-6: "Él ha armado en los cielos una carpa para el sol, que es como novio saliendo de la cámara nupcial y que se alegra como un hombre poderoso que corre por su camino. Sale (el sol) de un extremo de los cielos y da la vuelta hasta el otro extremo; nada puede esconderse de su calor".

Críticos de la Biblia se han burlado de estos versículos, diciendo que él le da vueltas a la tierra. La ciencia les dijo que el sol era estacionario. Luego descubrieron que el sol se mueve a través del espacio a aproximadamente 600.000 millas por hora. Está viajando por a través de los cielos y tiene un 'circuito' justo como lo describe en la Biblia. Se estima que el circuito es tan grande, que tomaría aproximadamente unos doscientos millones de años en completar su órbita.

Notas;

_____

_____

_____

LECCIÓN 2

La palabra es Dios

Génesis 1
Ya en la primera página de la Biblia, Dios nos encuentra como su creador.
El es retratado como el hecho significativo, indiscutible, fundamental, el origen de toda existencia, y la fuente de la vida. El es el Dios que se da a conocer por sus obras.

1. ¿Qué dice Romanos 1:20 sobre la existencia de Dios?

_____

2. ¿Quien construyó todas las cosas? (Hebreos 3:4)

_____

3. ¿Como hizo Dios el contenido de la Biblia?
(2 Timoteo 3:16)

_____

_____

4. Cuando estudias con este libro, el Señor vendrá a tocar tu puerta. ¿La estás abriendo? (Revelación 3:20)

_____

5. ¿Qué es lo que no deberás hacer hoy cuando escuches la voz de Dios? (Hebreos 3:15)

_____

6. Cuando el Señor dictó la misión mandada en Marcos 16:15, ¿Podría él cambiar sus palabras y decirte algo diferente? (Santiago 1:17 - Hebreos 13:8)

_____

7. ¿Qué dice Juan 1:1?

_____

8. ¿Qué le pasa a tu espíritu justo después de que mueres? (Eclesiastés 12:7)

_____

_____

_____

9. ¿Qué significa nacer del agua y del espíritu? (Juan 3:5)

(1) Nacer del agua significa;_____

_____

_____

_____

(2) Nacer del espíritu significa;_____

_____

_____

_____

10. Si las personas te dicen que hay un lugar llamado purgatorio, y que después te puedes arrepentir de tus pecados en ese lugar, pero no logras conseguir en la Biblia mención del purgatorio, ¿Qué es lo que están haciendo esas personas? (Hebreos 9:27)

_____

_____

11. La espalda de Jesús parecía como una espalda arado después del azotamiento, ¿Qué le trajo sus heridas a la humanidad? (1 Pedro 2:24)

Notas;

Respuestas a la Lección 2
La palabra es Dios

1. Porque sus cualidades invisibles, su poder eterno y su divinidad, se ven claramente desde la creación de mundo, pues se perciben por las cosas creadas, de modo que no tienen excusa. (Romanos 1:20)

La Biblia no empieza con evidencia teórica o filosófica sobre Dios pero muestra que Dios es conocido por su propia creación. (Génesis 1:1)

2. Dios.

3. "Toda escritura es inspirada por Dios, y es útil para enseñar, para censurar, para rectificar las cosas y para educar de acuerdo a lo que está bien". (2 Timoteo 3:16)

La palabra inspirada, del Griego; Theopneustos, significa; **Respiró divinamente – dado por inspiración de Dios.**

4. ?

"Mira, estoy de pie llamando a la puerta. Si alguien oye mi voz y abre la puerta, entraré en su casa y cenaré con él, y él conmigo". (Revelación 3:20)

"Si hoy ustedes **escuchan** su voz, no se vuelvan tercos, como lo hicieron cuando provocaron amarga ira". (Hebreos 3:15)

Escucha; Cuando obtienes fe en el contenido de tu estudio de la Biblia.

5. "Si hoy ustedes **escuchan** su voz, no se vuelvan tercos, como lo hicieron cuando provocaron rebelión".

En Hebreos 3:15, leemos la palabra rebelión. Esta palabra significa; Una acción o proceso de resistir autoridad.

Si eres un seguidor de Jesús Cristo, no deberías tener ningún problema con lo que te diga el Señor. Pero si usas tu orgullo contra Dios mediante su palabra, estas usando una acción o proceso de resistencia de autoridad.
-La palabra Señor significa; Aquel que decide, Aquel que toma las decisiones.

6. No. El Señor nunca cambiará su palabra. Por lo tanto su misión mandado es la misma para todos los creyentes hoy día.

7. La palabra es Dios.

Docenas y docenas de veces me han dicho algunos 'creyentes'; No iré a ninguna parte hasta que el Señor me lo diga. Lo que usualmente respondo a eso es; El Señor ya te lo dijo en la Biblia, que también es el mismo Señor que habla. ¿Por qué no lo obedeces?
En la mayoría de las veces, no lo ven de esta forma. Parece que muchos 'creyentes' creen que ellos pueden elegir de la Biblia lo que Dios les está diciendo y lo que no.

-La primera cosa que debemos tener claro en nuestro camino con el Señor es el no entender todo por adelantado. Pero para comenzar a caminar por el camino de la obediencia, paso por paso, un día tras otro junto al Señor como hacedor de la palabra, nos traerá revelaciones en la palabra, sabiduría y entendimiento.
-Sentarse y hablar ideas preconcebidas no es correcto.

8. Tu espíritu vuelve a Dios.

9.
(1) El nacimiento en la carne. Después de nueve meses dentro del agua en el vientre de tu madre, naces en la carne.

(2) El nacimiento del Espíritu sucede cuando te arrepientes, dedicas tu vida a Cristo, y naces de nuevo.

Muchos que no tienen una revelación del agua en Juan 3:5 predicarán que debes ser bautizado para nacer de Nuevo. Como puedes ver, el agua es donde tu cuerpo físico nace. Esto no tiene nada que ver con el renacimiento.

10. Mintiendo.

11. Por sus heridas, fuimos sanados.

Notas;

LECCIÓN 3

Éxodos

1. ¿Es posible que Dios pueda mentir? (Hebreos 6:18)

_____

2. ¿Quién es el intermediario entre Dios y el hombre? (1 Timoteo 2:5)

_____

3. La Biblia nos dice que solo hay un camino hacia el Padre, el cual es a través de su Hijo Jesús Cristo. (Juan 14:6)
¿Qué dice la Biblia (Dios) sobre rezarle a la Virgen María? (Éxodos 20:4-6)

_____

4. ¿Qué sucede cuando mueres?
(Hebreos 9:27 - Eclesiastés 12:7)

_____

5. ¿Dice la palabra de Dios algo sobre el purgatorio?
(Hebreos 9:27)

_____

6. Si Dios, a través de su palabra, la Biblia, no dice nada sobre el purgatorio, ¿Existe el purgatorio?
(Hebreos 9:27)

_____

7. ¿Qué dice la Biblia en Mateo 23:9 sobre llamar al sacerdote padre?

_____

8. ¿Deberías confesarle tus pecados a un sacerdote?
(1 Juan 1:9)

_____

9. "No desees la casa de tu prójimo. No desees a la esposa de tu prójimo ni a su esclavo mi a su esclava ni su toro ni su burro ni nada que le pertenezca a tu prójimo". (Éxodos 20:17)

Desear viene de la palabra Hebrea; chamad. Significa; Deleitarse en belleza, muy querido, cosa deleitable, deleite, deseo, lujuria, (ser) placentero, precioso.

Aquí podemos ver que deseo del lenguaje Hebreo significa varias cosas. Una de las palabras es Lujuria. El significado de lujuria es; Un fuerte sentimiento de deseo sexual.

Deseo - en el nuevo testamento.
"Porque ustedes saben y entienden muy bien que nadie que se sexualmente inmoral, nadie que sea impuro y nadie que sea codicioso tiene herencia en el Reino del Cristo y de Dios".
(Efesios 5:5)

10. ¿A que lleva los celos? (Santiago 3:16)

_____

11. ¿Qué le pasa a quienes practican la envidia? (Gálatas 5:20-21)

_____

12. ¿Qué previene la envidia? (1 Pedro 2:1-2)

_____

13. ¿Qué señal refleja la envidia? (Gálatas 5:19-20)

_____

_____

14. ¿Está bien tener un poco de envidia? (Romanos 13:13)

_____

15. ¿Es compatible la envidia con la verdad? (Santiago 3:14)

_____

Notas;

_____

_____

_____

_____

_____

_____

_____

Respuestas a la Lección 3
Éxodos

1. No.

2. Porque hay un solo Dios, y hay un solo mediador entre Dios y los hombres: un hombre, Cristo Jesús.

3. ¡Prohibido!

Leamos el versículo 4-5 en Éxodos 20.
v4 "No te hagas ninguna imagen tallada ni nada que tenga forma de algo que esté arriba en los cielos, abajo en la tierra o debajo en las aguas;
v5, no te inclines ante estas cosas ni te dejes convencer para servirles".

¿Qué quiere decir el versículo 4?
No deberás hacerte una imagen tallada, (como la virgen María) ni una estatua, las cuales ambos son imágenes talladas de algo que estuvo en la tierra pero que ahora está en el cielo.

¿Qué quiere decir el versículo 5?
v5; No te inclines ante estas cosas ni te dejes convencer para servirles.
-Esto significa; No deberás confiarle nada a María; no deberás hablarle, ni inclinarte a ella, y no deberás rezarle.

¿Qué pasará si rezas, hablas, o alabas a la Virgen María? Leamos el versículo 5, pero esta vez el versículo completo; 5 no te inclines ante estas cosas ni te dejes convencer para servirles. Porque yo, el Señor tu Dios, soy un Dios que exige devoción exclusiva. Hago que el castigo por el error de los padres recaiga sobre los hijos, sobre la tercera generación y sobre la cuarta generación a los que me odian.

Rezarle o hablarle, o imaginar que la Virgen María hará algo por ti en la tierra, es idolatría, y es detestable a Dios. Como también puedes ver, Dios castigará generaciones por ser idólatras.

4. Tu espíritu vuelve a Dios.

5. No.

6. No, es una mentira.

7. No llamen padre a nadie en la tierra, porque uno solo es su Padre, el del cielo. (Mateo 23:9)

8. Si confesamos nuestros pecados, como él (Dios) es fiel y justo, perdona nuestros pecados y nos limpia de toda injusticia.

Un sacerdote no puede perdonar nuestros pecados. Si te lo dice, entonces está mintiendo. Solo existe uno que puede perdonar el pecado, y ese es Jesús Cristo. Lo que el hombre puede perdonar es cuando alguien ha dicho o hecho algo en contra de uno. Después los perdonaremos por las faltas que cometieron contra nosotros. Más información en Mateo 6:14-15.

10. Desorden y maldad.

11. Son excluidos del reino de Dios.

12. La envidia previene crecer en gracia.

13. Señales de una mente carnal.

14. La envidia está prohibida.

15. La envidia es incompatible con la verdad.

Notas;

_____

_____

_____

_____

_____

_____

LECCIÓN 4

La Sangre de Jesús - Parte 1

1. ¿Que trae la sangre de Cristo?

(1) Hebreos 9:13-14 _____

(2) Romanos 5:9 _____

(3) Revelación 7:14; 22:14 _____

(4) Revelación 12:11 _____

(5) Efesios 1:7 _____

(6) 1 Juan 1:7 _____

(7) Efesios 2:13 _____

(8) Colosenses 1:20 _____

(9) Hebreos 13:12 _____

(10) Romanos 5:9 _____

(11) Revelación 12:11 _____

2. ¿Qué se hizo posible con la sangre de Jesús?

(1) Hebreos 9:12 _____

(2) Hebreos 2:14 _____

(3) Hebreos 9:15 _____

(4) Hebreos 9:22 _____

(5) Hebreos 9:14 _____

(6) Hebreos 13:20 _____

(7) ¿Cuántas veces debe Jesús sacrificarse? (Hebreos 9:25-26)

_____

Notas;

_____

_____

_____

_____

Respuestas a la Lección 4
La Sangre de Jesús - Parte 1

1. ¿Que trae la sangre de Cristo?

(1) Santificación.

(2) Garantiza la salvación.

(3) Glorificación.

(4) Trae victoria.

(5) Trae redención.

(6) Limpieza.

(7) Nos acerca a Cristo.

(8) Trae paz.

(9) Santifica.

(10) Nos hace justos.

(11) Trae victoria.

2. ¿Qué se hizo posible con la sangre de Jesús?

(1) Una redención eterna.

(2) Su muerte expiatoria.

(3) El nuevo pacto.

(4) Perdón del pecado.

(5) Purificación de conciencia.

(6) Su resurrección.

(7) Una vez.

Notas;

_____

_____

_____

_____

_____

LECCIÓN 5

La sangre de Jesús - Parte 2

1. ¿Qué satisface los requisitos de justicia de Dios? (Romanos 3:25-26)

_____

2. ¿Qué es lo que le quita a Satanás su poder sobre la humanidad? (Revelación 12:11)

_____

3. ¿Qué hace la sangre de Jesús? (Hebreos 9:14)

_____

4. ¿Qué ha hecho para ti la sangre de Jesús?

(1) Romanos 5:9_____

(2) Colosenses 1:20_____

(3) Efesios 1:7_____

(4) Hebreos 10:19 _____

(5) Revelación 12:11 _____

(6) 1 Juan 1:7 _____

5. ¿Qué fue la sangre de Jesús?

(1) Mateo 26:28 _____

(2) 1 Pedro 1:19 _____

(3) Revelación 7:14 _____

(4) Colosenses 1:20 _____

(5) Hebreos 13:20 _____

(6) 1 Juan 1:7 _____

(7) Hebreos 9:12 _____

Notas;

_____

_____

_____

Respuestas a la Lección 5
La sangre de Jesús - Parte 2

1. El sacrificio de Jesús satisface las demandas de justicia de Dios.

2. La sangre de Jesús le quita el poder que tiene Satanás sobre el hombre.

3. La sangre elimina el juicio y da paz y limpieza nuestra conciencia.

4.
(1) Somos declarados justos por su sangre.

(2) Obtenemos paz por su sangre.

(3) Somos liberados por su sangre.

(4) Entrar al lugar santo por medio de la sangre.

(5) Victoria por la sangre.

(6) Purificación por la sangre.

5.
(1) La sangre del pacto.

(2) La sangre preciosa de Cristo.

(3) La sangre del cordero.

(4) La sangre de la cruz.

(5) Un pacto eterno.

(6) Sangre del Hijo del Señor.

(7) Su sangre.

Notas;

_____

_____

_____

_____

_____

_____

_____

LECCIÓN 6

La cruz
La evidencia del pecado humano

1. ¿Qué dice la Biblia sobre la crucifixión y la muerte de Jesús Cristo para ti y para mí? (Isaías 52:14)

_____

2. La Cruz de Cristo;

(1) Hebreos 2:14 _____

(2) Hechos 2:23 _____

(3) Romanos 5:8 _____

(4) Romanos 3:25 _____

3. La Cruz;

(1) Gálatas 5:11 _____

(2) Filipenses 2:8 _____

(3) Colosenses 1:20 _____

4. Palabras de la Cruz;

(1) Lucas 23:34 _____

(2) Lucas 23:43 _____

(3) Juan 19:26-27 _____

(4) Juan 19:28 _____

(5) Juan 19:30 _____

(6) Lucas 23:46 _____

5. ¿Qué es la cruz para los Gentiles? (1 Corintios 1:23)

_____

6. Crucificado – El libro de Gálatas;

(1) Gálatas 3:1-2 _____

(2) Gálatas 2:20 _____

(3) Gálatas 5:24 _____

Respuestas a la Lección 6
La cruz - La evidencia del pecado humano

1. Porque se desfiguró su apariencia más que la de cualquier otro hombre, y su aspecto digno, más que el de la humanidad.

Jesús dio su vida por ti; Nadie podía tomarla.
Cuando Jesús Cristo fue fijado en la cruz, él cargo todos los pecados del mundo. El se sacrificó por tus pecados para que fueras liberado, y para que un día puedas recibir vida eterna, y para que tengas hoy una vida significativa en la tierra.
Eras tú quien debía haber muerto en la cruz por tus pecados. Él su vida por ti; Nadie podía tomarla.

La Biblia dice en Isaías 53:4-5;
v4 En realidad, él mismo llevó nuestras enfermedades y cargó con nuestros dolores. Pero nosotros lo consideramos como alguien plagado, golpeado por Dios y afligido.
v5 Sin embargo, lo traspasaron por nuestros pecados; lo aplastaron por nuestros errores. Él soportó el castigo para que nosotros tuviéramos paz, y gracias a sus heridas fuimos sanados.

2. La Cruz de Cristo;

(1) Aniquilación del Poder de Satanás.

(2) La evidencia del pecado humano.

(3) La prueba del amor de Dios.

(4) Reconciliación por el bien de la humanidad.

3. La Cruz;

(1) La ofensa de la Cruz - La Cruz para el Mundo.

(2) Muerte de la Cruz - La Cruz del Salvador.

(3) La Sangre de Cristo - La Cruz para Nosotros.

4. Palabras de la Cruz;

(1) Las palabras del perdón.

(2) La palabra de Salvación.

(3) Las palabras de cuidado y la asignación.

(4) Palabra de dolor.

(5) Las palabras de victoria.

(6) Las palabras de la reunión.

5. Algo absurdo.

6. Crucificado – El libro de Gálatas;

(1) Cristo se crucificó por mí.

(2) Estoy crucificado con él.

(3) La carne fue crucificada en mí.

Notas;

_____

_____

_____

_____

_____

_____

_____

_____

LECCIÓN 7

Que dice la biblia sobre;

1. ¿Quién creó a Dios? (Éxodos 3:15)

_____

2. ¿Existe ídolos que controlan tu vida?

_____

3. ¿Puedes mencionar tres cosas sobre la gente orgullosa?

(1)_____

(2)_____

(3)_____

4. ¿Estás dando testimonio a los que no están salvos sobre Jesús Cristo?

_____

5. ¿Dónde están las fortalezas en ti?

_____

6. Existen tres fortalezas principales. ¿Conoces algunas de ellas?

(1)_____

(2)_____

(3)_____

7. ¿Cómo se puede desarrollar fortalezas?

_____

_____

_____

_____

8. ¿Dónde se encuentra el campo de batalla espiritual?

_____

_____

9. ¿Estás orando por esta cosa específica que el Señor nos dice que hagamos en Mateo 9:38?

10. ¿Cómo te puede afectar a ti y a mí la guerra con Satanás en el reino espiritual?

11. ¿Puede Dios molestarse a veces? (Salmos 7:11)

12. Si una persona malvada se acerca a los pies de Cristo, pide perdón, cree en su corazón que Dios resucitó a Jesús de la muerte, ¿sería perdonado? Y ¿Qué versículo recomendarías?

13. ¿Que hizo Jesús en Hechos 10:38?

14. ¿Qué quiere Dios en 2 Pedro 3:9?

15. ¿Por qué debes ser sobrio y vigilante? (1 Pedro 5:8)

16. ¿Conoces algún versículo de la Biblia que nos explique cómo lidiar con las tentaciones de Satanás?

___

___

___

Notas;

___

___

___

___

___

___

___

___

Respuestas a la Lección 7
Que dice la biblia sobre;

1. Nadie. El es auto-existente.

"Entonces Dios le dijo otra vez a Moisés, Esto es lo que debes decirles a los israelitas, El SEÑOR, el Dios de sus antepasados, el Dios de Abrahán, el Dios de Isaac y el Dios de Jacob, me ha enviado a ustedes, Este es mi nombre para siempre, y así es como se me recordará de generación en generación".
(Éxodos 3:15 KJV)

Cuando lees Éxodos 13:15 de la escritura de la Versión King James, te darás cuenta que cuando te cruzas con la palabra, SEÑOR, está en mayúsculas. Aquí encontrarás su nombre, y el significado que proviene del lenguaje Hebreo.
La palabra SEÑOR del Hebreo; Jehovah; y significa; Auto-existente - eterno.

2. Si no sigues al Señor de la manera que él dice, la pregunta no sería qué tipo de ídolo tienes, sino cuantos.

La lista puede ser tan larga como el río Colorado, pero con pocos se logra captar el punto.

(1) ¿Smartphone?
La palabra 'Smombi' se usa para describir a los peatones que caminan sin prestar atención a sus alrededores dado a que están enfocados a su Smartphone.

Ciudades como Chongqing en China, y Amberes en Bélgica han introducido aceras especiales para los 'smombis'. Esto es para prevenir que ellos sean arrollados por automóviles, autobuses y tranvías. Otras ciudades han removido la luz de semáforo para peatones y la han reemplazado con luces verdes y rojas en el suelo. De esta manera se reducen las probabilidades de que los 'smombis' sean arrollados por el tráfico dado a que miran hacia abajo y no miran hacia la luz de semáforo arriba en el poste.

(2) ¿Trabajo?
¿Cuántas horas al día trabajas para construir tu imperio?

(3) ¿Pasatiempos?
Algunos invierten todo su tiempo en esto, mientras que otros invierten una cantidad razonable a él.

(4) Tal vez el ídolo más grande de hoy es la mente prejuiciosa de la humanidad.
-Prejuicio; Cuando te haces en tu mente un concepto de algo antes de conocer el hecho relevante.

3.
(1) Egoísta.
(2) Auto Defensor
(3) Auto Glorificarse.

4. ?

5. En tu mente.

6.
(1) **Orgullo**.

La fortaleza más grande de todos los tiempos en la mente degenerada del humano es el egoísmo, la auto conservación, y auto exaltación orgullosa.

(2) **Prejuicio**.

Prejuicio es tener tu mente predispuesta antes de haber escuchado los hechos. Es obtuso, arrogante, y es destructivo.

(3) **Preconcepción**.

Preconcepción es; Pensar que sabes algo que en realidad no sabes, suponiendo que tienes una idea clara de algo que no entiendes.

Escucha;
Hay una razón importante para enfrentar estas fortalezas, ya que ellas bloquean la entrada de la Palabra de Dios para tu vida.
En Salmos 119:130, aprendemos, "La revelación de tus (Dios) palabras ilumina; Les da entendimiento a los inexpertos".

-Si estás 'funcionando' bajo estas terribles fortalezas, no podrás recibir entendimiento, ni la más inexperta.

7. Creer en las mentiras de Satanás y otros que hacen lo mismo.
Hay una advertencia de Dios cuando viene a ser esto;
Acérquense a Dios, y él se acercará a ustedes. (Santiago 4:8)

8. En la mente de las personas.

Somos tentados por nuestros ojos. Tomamos decisiones por lo que vemos. Tomamos decisiones por lo que escuchamos. Hacemos lo que otros nos dicen que hagamos.
Entre todas estas cosas, Satanás nos envía sus pensamientos tentadores como una ametralladora cada día, à ti y a los que te rodean.
-Y aquellos que no han nacido de nuevo, son la presa más fácil para él.

Satanás se camufla ante ti, y luego piensas que eres tu quien 'produjo' el pensamiento de tener sexo con el vecino. No importa si estás casado, porque la tentación es demasiado atrayente.
Esto significa que el pecado nace, y si se hace fecundo, lleva a la muerte.
-A lo que dos se ponen de acuerdo llegará a pasar. **¡Nunca estés de acuerdo con Satanás en nada!**

9. ?

Los no salvos de esta tierra. Es el deseo más grande del Señor en que estas ovejas regresen a los brazos de su Padre. Es suya y mí responsabilidad salir al mundo entero y predicarles el evangelio. Nada es más importante en el universo entero.

10. La guerra spiritual se manifiesta aquí en el mundo físico ya que la gente no discierne sus pensamientos que son enviados a ellos por Satanás. En lugar de capturarlos (2 Corintios 10:5), los obedecen.

Satanás envía pensamientos como; Mátalo. La persona acepta el pensamiento, busca la pistola, lo apunta la pistola a alguien, y el resto termina siendo una vida entera detrás de las rejas.
Satanás es el autor del robo, asesinato, y destrucción. En este caso, logró quitar una vida, y la vida del tirador fue arrebatado al negarle su libertad.

11. Si. Dios se molesta con los malvados todos los días. Todo el día, el está molesto con los que quebrantan la ley los siete días a la semana.

No es recomendable caer en las manos de un Dios molesto. Mantente cerca de mí, él dice: de lo contrario, seguirás las mismas tentaciones que el mundo sigue.

12. Si, el será perdonado. (Romanos 10:13)

13. Sanar a todos los que fueron oprimidos por el diablo.

14. El Señor no quiere que nadie perezca, sino que todos se arrepientan.

15. Porque su adversario, el Diablo, anda a su alrededor como un león rugiente tratando de devorar a alguien.

16. Hagan prisionero todo pensamiento para que sea obediente al Cristo. (2 Corintios 10:5)

Captura todo pensamiento a través del discernimiento espiritual.
-Tienes que discernir todos los pensamientos de donde vienen. Si no, caerás en las tentaciones y mentiras que Satanás envía cada día.

Muchos 'creyentes' no creen tener el 'regalo' del discernimiento. Este tipo de declaración no puede estar más lejos de la verdad.

Mira lo que dice 1 Pedro 5:8;
"¡Mantengan su buen juicio y estén vigilantes! Su adversario, el Diablo, anda a su alrededor como un león rugiente tratando de devorar a alguien".

Mantente vigilante. ¿Qué significa? Del Griego significa simplemente; Mantente despierto. Mantente en una posición (espiritual) para que puedas entender lo que ocurre en todo momento.
-Captura todo pensamiento (revela los ataques mentales astutos de Satanás) para que sea obediente al Cristo.

Notas;

_____

_____

_____

LECCIÓN 8

El padre de todas las mentiras

Como todos los seres con libre albedrío, Satanás se ha enfrentado a elegir el uso de sus dones y habilidades. En esa ocasión, rechazó la verdad de Dios y prefirió el principio y el camino del mal. En consecuencia, la mentira ha salido a flote. Se ha convertido en el mentiroso, el padre de las mentiras, el enemigo jurado, y el adversario de Dios mismo y todo lo relacionado con él. Revelación 12:1-17.
-Satanás no se ha mantenido en la verdad y no está allí ahora, por lo tanto, la Biblia dice en Juan 8:44 que la verdad no está en él.

1. ¿Cómo puedes lidiar con Satanás? ¿Recuerdas alguna escritura acerca del asunto?

_____

_____

_____

_____

2. ¿Existe alguna luz o amor en Satanás?

_____

3. ¿Quién se encargó de echar a Satanás del cielo y a quien comisionó?

1_____

_____

2_____

4. ¿Fue Satanás Creado? (Génesis 3:1)

_____

5. ¿Puedes esconder algo del señor? (Lucas 8:17)

_____

_____

6. ¿Te tentara alguna vez el señor a decir falsedades? (Santiago 1:13-14)

_____

_____

7. Si el señor no te tienta a decir falsedades o algo que lleve a la falsedad, ¿es entonces necesario ser deshonesto? (Éxodos 20:16 - Mateo 19:18)

_____

_____

8. **¿Cómo trabaja Satanás?**

(1) Mateo 13:25_____

(2) Mateo 13:19_____

(3) Marcos 4:15_____

(4) Mateo 4:6_____

(5) 1 Timoteo 3:7_____

(6) 2 Tesalonicenses 2:9_____

9. Cuándo leemos acerca de Ananías y Safira en Hechos 5:1-11, ¿fue necesario que ellos mintieran? (Hechos 5:4)

_____

_____

10. ¿Qué paso con Ananías y Safira? (Hechos 5:5; 5:10)

_____

_____

_____

11. **¿Con quién trabaja Satanás?**

(1) Lucas 22:3_____

(2) Juan 6:70_____

_____

_____

12. **Imágenes de Satanás y sus procedimientos.**

(1) **El maligno**
"Cuando alguien oye la palabra del Reino pero no la comprende, el Maligno viene y arranca lo que se sembró en su corazón. Esta es la semilla que se sembró junto al camino". (Mateo 13:19)

(2) **El príncipe de este mundo**
"Ahora se está juzgando al mundo; ahora el gobernante de este mundo será echado afuera". (Juan 12:31)

(3) **Dios de este mundo**
"Para los no creyentes, a quienes el dios de este sistema les ha cegado la mente, a fin de que no brille sobre ellos la luz de las gloriosas buenas noticias acerca del Cristo, que es la imagen de Dios". (2 Corintios 4:4)

(4) **El Acusador de los creyentes**
"Y oí una voz fuerte en el cielo, que decía: "¡Ahora se han hecho realidad la salvación, el poder y el Reino de nuestro Dios, y la autoridad de su Cristo! Porque ha sido arrojado hacia abajo el acusador de nuestros hermanos, que los acusa día y noche delante de nuestro Dios". (Revelación 12:10)

(5) **El adversario de los creyentes**
"¡Mantengan su buen juicio y estén vigilantes! Su adversario, el Diablo, anda a su alrededor como un león rugiente tratando de devorar a alguien". (1 Pedro 5:8)

(6) **El príncipe de los impíos**
"Al oír esto, los fariseos dijeron: "Este expulsa a los demonios por medio de Belcebú, el gobernante de los demonios".
(Mateo 12:24)

(7) **Un ángel de luz**
"Y no me sorprende, porque el propio Satanás se disfraza de ángel de luz". (2 Corintios 11:14)

(8) Padre de las mentiras

"Ustedes son hijos de su padre, el Diablo, y quieren cumplir los deseos de su padre. Él en sus comienzos fue un asesino. No se mantuvo fiel a la verdad porque no hay verdad en él. Cada vez que dice una mentira, habla de acuerdo con su forma de ser, porque es un mentiroso y el padre de la mentira". (Juan 8:44)

13. ¿Por qué la gente no quiere escuchar al Dios Todopoderoso? (Eclesiastés 12:14)

_____

_____

_____

14. ¿Qué hará Dios con Satanás? (Mateo 25:41)

_____

_____

_____

_____

_____

Respuestas a la Lección 8
El padre de todas las mentiras

1. "Derribando argumentos y todo lo alto que se exalta así mismo contra el conocimiento de Dios, llevando cautivo todo pensamiento a la obediencia a Cristo". (2 Corintios 10:5)

2. No.

Cuando Satanás fue echado del cielo, todo lo que trajo consigo fue lo que había practicado. El Orgullo y las mentiras no fueron parte del reino de dios.
Actualmente Satanás esta tan enredado con tanta maldad que es difícil describirlo.

Todas las cosas buenas, el amor duradero, el cuidado, la paternidad, la vida, etc., pertenecen al padre.
Lo que el padre tiene y lo que es (su personalidad), es para que nosotros lo sigamos y lo heredemos. Satanás no pudo traer ninguna de estas cosas cuando fue echado del cielo.

3.
(1) Miguel Ángel y sus ángeles.
(2) Dios.

4. Sí.

5. Absolutamente no hay nada que puedas ocultar del señor tu Dios.

6. No.

7. No, no debes mentir. (Proverbios 19:5)

Cuando comienzas a ser testigo en las calles, te sorprenderás de cuántos justifican sus mentiras blancas. Incluso las mentiras grises, he oído de hombres que se inclinan más al lado femenino. Pero no importa el tipo de esquema de colores justos que tienes sobre tus falsedades; todas son mentiras a los ojos del Señor.

8.
(1) Siembra sus semillas falsas en los campos de dios.

Leamos Mateo 13:25. "Pero mientras los hombres dormían, su enemigo vino y sembró cizaña entre el trigo y se fue".

La palabra **cizaña** proviene de la palabra hebrea zizanion, y significa **darnel**. Darnel es mala hierba, que se parece mucho al trigo en sus primeras etapas de crecimiento. La similitud entre estas dos plantas es tan alta que en algunas regiones, se denomina darnel 'trigo falso'.

"Él respondió y les dijo: "El que siembra la buena semilla es el Hijo del Hombre. El campo es el mundo, las buenas semillas son los hijos del reino, pero la cizaña son los hijos del inicuo. El enemigo quien los sembró es el diablo, la cosecha es el fin del mundo y los segadores son los ángeles." (Mateo 13:37-39)
(2) Trata de evitar que la palabra de dios haga su efecto.

(3) Roba la palabra para removerla.

(4) Falsifica la palabra.

(5) Engaña a la gente.

(6) Puede engañar con maravillas falsas.

9. No. El dinero fue de ellos. Sin embargo decidieron mentir al respecto.

10. El Señor tuvo suficiente de su deshonestidad y pusieron fin a sus vidas.

El hombre puede agotar tanto la paciencia de Dios con sus mentiras y su deshonestidad, que el Señor decide terminar con sus vidas. Creo que esta mentira sobre el dinero por la tierra que vendieron fue solo la 'punta' del glaciar en sus vidas deshonestas.

11.
(1) Satanás tiene sus sirvientes.

(2) El incluso trata de obtener ayudantes entre los creyentes.

"Pero Pedro dijo: "Ananías, ¿por qué Satanás ha llenado tu corazón para mentirle al Espíritu Santo y retener parte del precio de la tierra para ti?" (Hechos 5:3)

Ahora el Espíritu dice expresamente que en los últimos tiempos algunos se apartarán de la fe, prestando atención a los espíritus engañadores y las doctrinas de los demonios. (1 Timoteo 4:1)

Por lo tanto, a los creyentes se les animan a resistirlo
"Pónganse la armadura completa que Dios da, para que puedan mantenerse firmes contra las astutas trampas del Diablo; porque no tenemos una lucha contra alguien de carne y hueso, sino contra los gobiernos, contra las autoridades, contra los gobernantes mundiales de esta oscuridad, contra las fuerzas espirituales malvadas que están en los lugares celestiales. Por esta razón, pónganse la armadura completa que Dios da, para que, cuando llegue el día malo, puedan resistir y, tras haber hecho todo lo necesario, mantenerse firmes. Por lo tanto, manténganse firmes llevando puesto el cinturón de la verdad, vestidos con la coraza de la justicia y teniendo los pies calzados y listos para anunciar las buenas noticias de la paz. Además de todo esto, agarren el escudo grande de la fe, con el que podrán apagar todas las flechas encendidas del Maligno". (Efesios 6:11-16)

"Por lo tanto, sométanse a Dios, pero opónganse al Diablo y él huirá de ustedes". (Santiago 4:7)

"Pero pónganse en contra de él, firmes en la fe, sabiendo que toda la hermandad está pasando por los mismos sufrimientos". (1 Pedro 5:9)

13. No le temen en absoluto. Su justicia propia es su 'dios'.

14. Dios lo ha sentenciado a un castigo eterno en el lago del fuego. (Infierno)

Notas;

_____

_____

_____

_____

_____

_____

_____

_____

_____

_____

LECCIÓN 9

Discernir a los espíritus o perder la batalla

1. Gana o Pierde

Dios es un espíritu. Satanás es un espíritu, y ambos están en lo espiritual. Si desea distinguir entre los pensamientos de Satanás y los pensamientos del Señor, solo hay una manera de hacerlo, y es discernir espiritualmente. Muchos piensan que no tienen el 'don', pero sin una distinción entre la luz (Cristo) y la oscuridad (Satanás), tampoco hubiéramos visto la luz.

Escucha;
"Él ha hecho todo hermoso en su tiempo. Además, Él ha puesto la eternidad en sus corazones, excepto que nadie puede descubrir la obra que Dios hace de principio a fin".
(Eclesiastés 3:11)

El Señor ha confiado a todos los seres humanos la eternidad en sus corazones. El día o días antes de ser salvo, has discernido inexplicablemente a Dios, arrepintiéndote de la vida anterior por Cristo.
Discerniste un Espíritu, y este Espíritu era Dios. Creíste lo que discerniste y te salvaste.
-¿Puedes ver que has distinguido aquí en lo espiritual?

2. ¿Estas ejerciendo discernimiento? (2 Corintios 10:5)

_____

3. ¿Qué dice la Biblia en 1 Juan 4:1?

_____

_____

4. ¿Qué tanto debemos discernir espiritualmente? (1 Tesalonicenses 5:21)

_____

_____

5. Veamos lo que dice la biblia acerca de discernir entre espíritus;

Antes de ir al libro de Hebreos, leamos un pasaje en 1 Corintios. "A otro el obrar milagros, a otro el profetizar, a otro el discernimiento de espíritus, a otro el hablar en diferentes lenguas, a otro la interpretación de lenguas". (1 Corintios 12:10)
-Presta atención a la palabra; Discernir.

Ahora, saltemos al libro de Hebreos;
"Pero la comida sólida pertenece a aquellos que están en edad plena, es decir, aquellos que por razones de uso tienen sus senti-

dos entrenados para discernir tanto el bien como el mal". (Hebreos 5:14)

Tanto en 1 Corintios 12:10 como en Hebreos 5:14, leemos la palabra discernir y discernir. Es de la misma palabra griega, Diakrisis, que significa discernimiento.

Si el discernimiento hubiera sido un don que pocos tenían, entonces lo que está escrito en Hebreos 5:14 sería una mentira. Pero en Hebreos 5:14, vemos que el discernimiento espiritual es algo que todos los creyentes deben ejercer. Si no hacemos esto, lea todo el capítulo para ver las palabras alarmantes que sucederían si fallamos en este asunto.

Las ideas preconcebidas de los 'creyentes' forman una imagen de discernimiento antes de conocer los hechos bíblicos. O, en otras palabras, antes de que tengan la revelación sobre esto.

La falta de voluntad hacia el Señor y su palabra escrita nunca trae revelaciones.

El orgullo no puede traer nada más que confusión. Más información en Proverbios 11:2. Un pequeño consejo; La palabra vergüenza significa confusión.

¿Puedes ver lo que el orgullo trae cuando usa sus preconceptos orgullosos contra la palabra escrita del Señor?

_____

6. ¿Por qué hay tanta maldad hoy en día en el mundo? (1 Juan 5:19)

_____

_____

_____

7. ¿Cómo deberíamos comenzar a ejercer discernimiento?
(Mateo 6:6 - 2 Corintios 10:5)

(1) Mateo 6:6_____

_____

(2) 2 Corintios 10:5_____

_____

8. ¿Por qué los no creyentes no disciernen o no creen? (Hebreos 5:14)

_____

9. ¿Qué nivel de madurez tienen la mayoría de los creyentes? (Hebreos 5:13)

10. ¿Quién debe estar primero en todas la cosas? (Mateo 6:33)

11. En Manila-Pilipinas, encontraras más de 50 familias que viven debajo de cada Puente en la ciudad. ¿Cómo pueden cerrar la puerta como describe Mateo 6:6 cuando no tienen ninguna puerta en sus 'casas'?

Respuestas a la Lección 9
Discernir a los espíritus o perder la batalla

2. ?

Hay una decepción masiva entre los seguidores acerca de discernir los espíritus. Algunos lo entienden un poco, y otros dicen no tener ese 'don'.
Primero que todo, necesitamos entender si es un don o no, y segundo lo que la Santa Biblia de Dios dice acerca de este asunto.

Un Cristiano Inmaduro dirá en la mayoría de los casos no tener el don de discernir y referirse a 1 Corintios 12:10.
- Debemos eliminar el mito que dice que solo tenemos un solo don. Un Cristiano maduro debería funcionar con todos ellos.

En Hebreos 5:12-14, encontraras más información acerca del discernimiento espiritual.

3. Prueba cada espíritu.

"Amados, no se crean cualquier mensaje inspirado, sino **pongan a prueba** los mensajes inspirados para ver si provienen de Dios, ya que han aparecido muchos falsos profetas en el mundo".
(1 Juan 4:1)

Leemos la palabra prueba. (Los espíritus)
La palabra comprueba es del griego Dokimazo, que significa discernir.
-¿Puedes ver que todos pueden discernir entre los espíritus?

4. Comprobaremos todas las cosas.

"**Comprueben** todas las cosas, y aférrense a lo que está bien".
(1 Tesalonicenses 5:21)

Aquí vemos la misma palabra, Comprobar: Dokimazo, la cual es usado en 1 Juan 4:1.

La última palabra en 1 Tesalonicenses 5:21 Bien. (Valorable)
No puedes aferrarte a nada bien (del Señor) si no has discernido que es él quien te está hablando.

6. Porque la gente no discierne entre los espíritus.

7.
(1) En presencia del Señor, bajo obediencia a los mandamientos del Señor.

(2) Al capturar cada pensamiento y ponerlo bajo la obediencia de Cristo.

"Pero tú, cuando ores, entra a tu habitación, y cuando hayas cerrado la puerta, reza a tu Padre que está en el lugar secreto; y tu Padre que ve en secreto te recompensará abiertamente".
(Mateo 6:6)

Cuando ores, aleja el ruido en los cinco sentidos y entra silenciosamente en la habitación con Él.
Cuando buscas al Señor de esta manera, Satanás te perseguirá con sus flechas ardientes. (Pensamientos)

8. Ellos no se están ejercitando debido a que no tienen revelación al respecto: tampoco ellos no buscan al Señor acerca del asunto.

Si no se ha entrenado en el discernimiento, nunca se convertirá en alguien que pueda participar en alimentos sólidos. Esto es lo mismo que un bebé, no puede digerir alimentos sólidos, pero necesita la leche nutritiva de la madre. Cuando crezca, dejará de tomar leche y comenzará a comer alimentos sólidos.

El que no ejerce el discernimiento nunca podrá crecer espiritualmente. (Coma alimentos sólidos)
Hay una advertencia para aquellos que no creen esto; Un bebé (creyente no maduro) no puede vivir de la leche, porque cuando ya no obtiene la leche, muere. Si no tienes un crecimiento espiritual constante en tu vida, es porque no quieres seguir al Señor como Él dice que deberías.

Más información en Mateo 11:29-30.

9. Un niño pequeño quien necesita que le den leche.

Si nadie les da leche, morirán espiritualmente. El señor dice que el individuo deberá ir al mundo y predicar su evangelio. Aun así los creyentes no tomaran su palabra seriamente.

La mayoría cree las mentiras de Satanás y quedaran descalificados de hacer los que el señor dice.

Todo entendimiento espiritual viene a raíz de la obediencia al Señor.

10. Dios.

11. Asegura la puerta de tus sentidos. Así es como comenzamos a actuar en Mateo 6:6.

Después de calmar los sentidos, es hora de buscar al Señor en lo espiritual. Si tienes un avance aquí, solo tu fe te llevará al reino espiritual.

Notas;

_____

_____

_____

_____

_____

_____

LECCIÓN 10

El poder de las palabras

Humildad; El lugar de la dependencia total a Dios.

1. Usamos las escrituras para aprender y enseñar. Las usamos para obtener más revelaciones de Dios. Muchos no pueden hacer otra cosa aparte de citar las escrituras al hablar con ellos. ¿Es esta la forma correcta de hacerlo? (1 Pedro 4:11)

_____

_____

2. En Marcos 16:15, encontramos la palabra prediquen, ¿Qué significa?

_____

_____

_____

3. Si un predicador se para en frente de 100.000 personas, ¿crees que debería leer versículos bíblicos?, o ¿predicar la palabra como un precursor?

_____

_____

4. ¿Sabes por qué es tan poderoso el amor?
(1 Corintios 13)

_____

_____

_____

5. Muchos dicen que tienen un 'llamado' más superior del Señor que la misión mandada en Marcos 16:15.
-¿Cómo se relaciona Romanos 12:16 a esto?

_____

_____

_____

6. La palabra no creyente en 2 Corintios 6:14 significa desobediente. Es decir; Los creyentes pueden ser desobedientes, y los no creyentes son desobedientes. Si no hay un solo acuerdo en la mente de los creyentes cuando se encuentran, no deben ser llamados una congregación cristiana.

¿Qué te dice el Señor en 2 Corintios 6:14?

(1)_____

_____

(2)_____

_____

7. ¿Qué es la lengua? (Proverbios 18:21)

_____

_____

8. Jesús fue el primer hombre libre en el mundo. Nadie llego a ser libre antes de él. ¿A dónde nos trae eso? (Juan 8:36)

_____

_____

9. ¿Qué es? y ¿Qué hace la palabra de Dios?
(Hebreos 4:12)

(1)_____

_____

(2)_____

_____

10. ¿Pudo el hombre quitarle la vida a Jesús?
(Juan 10:18)

11. ¿Qué dice el Señor en Mateo 7:21-23?

12. ¿Cómo debes lidiar con la comunicación corrompida que nos rodea? (Efesios 4:29)

_____

_____

Notas;

_____

_____

_____

_____

_____

_____

_____

_____

Respuestas a la Lección 10
El poder de las palabras

Humildad; El lugar de la dependencia total a Dios.

1. No, está mal.

La palabra declaraciones en 1 Pedro 4:11, significa revelaciones.
-Hablaremos tal como se nos revelan las escrituras.

2. El anunciar - proclamar el evangelio.

(1) Un Precursor proclama el evangelio de Cristo a los que están perdidos.
-Veamos la forma que usa el Precursor en Santiago 1:22; "Sin embargo, háganse hacedores de la palabra y no se limiten a oírla, engañándose a sí mismos con razonamientos falsos".

La palabra hacedor en la escritura es la palabra Griega **poietes**. Significa; Un artista; En especial, un poeta.

Un poeta es aquel que realiza una aparición teatral del evangelio. Él pinta palabras poéticamente reveladas con movimientos corporales.
-Así es como debe predicarse evangelio a los que están perdidos.

(2) Desperdicio del poder de Dios a través de las citaciones de versículos de la Biblia.

Si solo citamos de las escrituras, solo sería una imagen de inmadurez espiritual y una falta total de experiencia de ir a todo el mundo con el evangelio del Señor.
Esto solo trae; Palabras que destruyen - más información en 1 Corintios 1:17.

(3) ¿Que mensaje predica el Precursor para liberar el poder de Dios?

"Porque, cuando estuve con ustedes, decidí centrarme solamente en Jesucristo, y en él ejecutado en el madero. Fui adonde estaban ustedes sintiéndome débil, con temor y mucho temblor. Y, cuando les hablé y les prediqué el mensaje, no lo hice con las palabras persuasivas de los sabios, sino con una demostración de espíritu y poder para que no pusieran su fe en la sabiduría de los hombres, sino en el poder de Dios". (1 Corintios 2:2-5)

3. Él debe predicar el evangelio como el Precursor.

Ahora ve y haz lo mismo. Anuncia las buenas noticias sobre la libertad y la salvación mediante nuestro Señor Jesús Cristo.
-¡Las personas perdidas en este mundo te esperan!

4. Dios es amor. No solo un Dios amoroso, pero él es el autor del amor, y el está lleno de eso.

"Porque Dios amó tanto al mundo que entregó a su Hijo unigénito para que nadie que demuestre tener fe en él sea destruido, sino que tenga vida eterna". (Juan 3:16)

Ahora, ve y diles a los demás sobre el amor más grande del universo actuando en base a Marcos 16:15.

5. No existe un llamado 'superior' que ser obediente a la misión mandada.

"Tengan hacia los demás la misma actitud que tienen hacia ustedes mismos; no se concentren en cosas grandiosas, sino déjense llevar por cosas humildes. No se vuelvan sabios a sus propios ojos." (Romanos 12:16)

"Porque Dios no es parcial". (Romanos 2:11)

Para cultivar humildad, debemos esforzarnos en hacernos inferiores, no superiores; "Él tiene que seguir aumentando, pero yo tengo que seguir disminuyendo". (Juan 3:30)

6.
(1) No se pongan bajo un yugo desigual con los no creyentes. (Desobedientes al Señor)
Aléjate de aquellos que no siguen los mandamientos del Señor.

(2) No te asocies con ellos.

Por ejemplo. El Señor nos muestra en Marcos16:15 lo que debemos hacer. Si te encuentras conmigo en las plazas como lo hacían los discípulos, y no has aceptado la misión mandada del Señor, tú y yo no tendremos la misma mentalidad. (Un acuerdo)
Esto invalida la congregación.

7. El poder de la vida y la muerte.

"Muerte y vida están en el poder de la lengua; los que disfrutan usándola comerán de su fruto". (Proverbios 18:21)

8. Cuando te arrepientes y naces de nuevo, podrás liberarte del yugo de Satanás.

9.
(1) Porque la palabra de Dios está viva y actúa con poder. Está más afilada que cualquier espada de dos filos.

(2) La palabra de Dios penetra hasta separar el alma del espíritu, y las coyunturas del tuétano, y es capaz de revelar los pensamientos y las intenciones del corazón. (Hebreos 4:12)

10. Jesús Cristo dio su vida; Nadie podía tomarla.

11. Muchos han profesado y han hecho cosas poderosas. Pero su corazón no estaba con el Señor.

Estos son 'creyentes' que proclamaron ser un seguidor de Cristo. Pero ellos construyeron su propio reino en lugar del reino del Señor. El típico pastor que tiene su iglesia está en la zona de peligro hasta que se arrepiente y se dedica a Cristo con todo el corazón.

12. Apártate de toda comunicación corrupta.

Demasiados creyentes atacan a otros creyentes por problemas de poca importancia sobre doctrinas bíblicas. Usamos la palabra de Dios, el cual se describe como una espada en contra de otros creyentes. (Hebreos 4:12)

Una de las peores persecuciones con el que me he encontrado ha sido de otros que afirman ser seguidores de Cristo, pero nada edificante, exhortante o alentador sale de sus bocas.

Sus palabras son como una espada que perfora profundamente hasta el hueso, pero cuando usamos nuestras propias palabras para hacer esto, no hace nada más que matar.
-La luz en estos supuestos creyentes es oscuro y feo. Es similar a la de los Fariseos cuando Jesús caminó sobre el planeta tierra. Amaban la palabra, pero cuando la palabra se encontraba viva en frente de ellos, ellos gritaron ¡crucifíquenlo!

LECCIÓN 11

¿Desobediente?

Si eres desobediente al Señor, ¿tendrá consecuencias?

1. Si tu amas al Señor, ¿cómo debe ser? (Juan 14:15)

2. ¿Cuál es la misión que te han mandado a ti?
(Marcos 16:15)

3. Millones de personas son entrampados por Satanás. ¿Estás predicándoles la verdad del Evangelio?
(Marcos 16:15)

4. En Mateo 16:5-12, Jesús advirtió a sus discípulos de la levadura de los fariseos, ¿qué quiere decir esta parábola? (Mateo 16:12)

_____

_____

_____

_____

_____

5. Millones de personas están enfermas y sufren en este mundo. ¿Que hizo Jesús por ellos?, y ¿qué estás haciendo al respecto? (1 Pedro 2:24 - Marcos 16:18)

1 Pedro 2:24_____

_____

Marcos 16:18_____

_____

_____

6. ¿Qué hay de todos aquellos que se encuentran combatiendo a los demonios? (Marcos 16:17)

_____

_____

7. ¿Es posible negar al Señor con nuestras acciones? (Tito 1:16)

_____

_____

8. Cuando ponemos resistencia como creyentes a lo que dice Dios, por ejemplo, mi misión mandada en Marcos 16:15, ¿Qué es lo que nos hace? (2 Corintios 6:14)

_____

_____

9. ¿Qué hace Dios con los orgullosos? (Santiago 4:6)

_____

_____

_____

10. Las últimas palabras de Jesús es un mandamiento a todos los creyentes. Sus últimas palabras se volvieron nuestra mayor prioridad. ¿Eres obediente a ella? (Marcos 16:15)

_____

11. ¿Qué hace Dios con aquellos que se humillan? (Santiago 4:6)

_____

_____

12. Si no eres obediente a la misión mandada del Señor en Marcos 16:15, ¿estaría bien para el Señor? (Santiago 4:7 - Lucas 6:46)

_____

_____

_____

13. ¿Qué es la fe sin obras? (Santiago 2:26)

_____

_____

14. ¿Qué hará Jesús si lo reconoces ante otros hombres? (Mateo 10:32)

_____

15. ¿Qué hará Jesús si lo niegas ante otros hombres? (Mateo 10:33)

_____

_____

Notas;

_____

_____

_____

_____

_____

_____

_____

Respuestas a la Lección 11
¿Desobediente?

1. Guardarás sus mandamientos.

2. Vayan por todo el mundo, y prediquen el evangelio.

3. ?

4.
Jesús dice esto cuando algo es 'casi' cierto; Cuando existe una pequeña mentira (levadura) en nuestro aprendizaje, es todo una mentira. (Se impregna toda la masa)

La levadura es masa fermentada, el cual particularmente en tiempos antiguos se almacenaba en agua para luego ser usado como un fermentador en una masa recién preparada. En las escrituras, la levadura se usa para ilustrar la impureza, maldad, y mentiras, lo cual parece abundar hoy en día.

Es cuando andas por el camino que desea el Señor, que sabrás la verdad.

"Conocerán la verdad, y la verdad los hará libres". (Juan 8:32)

5.

(1) 1 Pedro 2:24: Debido a sus heridas ustedes fueron sanados. Cada azote a la espalda que soportó Jesús sanó a este mundo.

(2) Marcos 16:18: Pondrán las manos sobre los enfermos, y estos sanarán.

6. Expúlsenlos.

7. Si. Esto es muy común entre los 'creyentes' hoy en día.

Ejemplo. En Marcos 16:15, encontramos la palabra vayan. Vayan es un verbo, y todos los verbos son palabras de acción. Si dices que vas por el mundo, pero no haces lo que dices, tu pablara no significa nada. Confiesas y niegas con tu acción.

8. Desobediente a lo que nos manda el Señor.

La palabra no creyente en 2 Corintios 6:14 del Griego significa desobediente.

9. Se resiste a ellos.

La palabra resistir del griego también significa; El oponerse. Si estás en esta posición en tu vida, tienes al Señor oponiéndose a ti. Eso si es un problema significativo.

10. ?

11. Les muestra bondad inmerecida.

12. No, no está bien.

La primera palabra en Santiago 4:7 es: sométanse, y significa; Obedecer, estar bajo obediencia, obediente, someterse bajo algo.

Si no nos sometemos bajo la obediencia de Dios, nunca podrás escapar del Señor cuando él te pregunte; ¿Por qué me llaman '¡Señor! ¡Señor!' pero no hacen las cosas que digo? (Lucas 6:46)

13. Muerta.

14. Jesús te reconocerá ante su Padre.

15. Quien sea que me rechaza (Jesús) delante de la gente, yo también lo rechazaré delante de mi Padre que está en los cielos.

Notas:

_____

_____

_____

_____

_____

LECCIÓN 12

Paraíso de los Calumniadores

La calumnia es como el caramelo. Decimos que no nos gusta, pero apenas está a nuestro alcance, no podemos resistirnos a ella.

De pronto cultivamos el gusto de querer enterarnos de lo que no sabemos de otros. Negativo o positivo.

1. Ejemplos;

(1) **Los príncipes de Amón**
"Y los príncipes de los amonitas le dijeron a su señor Hanún, "¿Te crees que David ha mandado a sus siervos a consolarte porque quiere honrar a tu padre? ¿No será que los mandó a espiarnos y a inspeccionar la ciudad para derrotarla?"
(2 Samuel 10:3)

(2) **Otros dos hombres**
"Entonces llegaron dos hombres inútiles, se sentaron enfrente de Nabot; y empezaron a testificar contra él delante del pueblo. Decían: "¡Nabot ha maldecido a Dios y al rey!". Después lo sacaron a las afueras de la ciudad y lo mataron a pedradas".
(1 Reyes 21:13)

(3) **Guésem**

"La carta decía: "Entre las naciones se anda diciendo - y Guésem también lo dice - que tú y los judíos planean rebelarse. Por eso estás reconstruyendo la muralla. Y, según se dice, tú vas a ser su rey". (Nehemías 6:6 KJV)

(4) **Los Testigos en contra de Dios**

"Los sacerdotes principales y todo el Sanedrín buscaban algún testimonio falso contra Jesús para que lo mataran."
(Mateo 26:59)

(5) **Los enemigos de Esteban**

Entonces convencieron en secreto a unos hombres para que dijeran: "Lo hemos oído decir blasfemias contra Moisés y contra Dios". (Hechos 6:11)

2. ¿Cómo es llamado Satanás en Revelación 12:10?

_____

3. **¿Qué es ser un calumniador?**

(1) Proverbios 16:28_____

_____

(2) Proverbios 18:8_____

_____

(3) Proverbios 26:20 _____

_____

4. ¿De dónde proviene la calumnia? (Mateo 15:19)

_____

_____

5. Una persona buena saca cosas buenas del tesoro de bondad de su corazón; pero una persona mala saca cosas malas de su tesoro de maldad. Porque su boca habla de lo que abunda en su corazón. (Lucas 6:45)

¿Con que has llenado tu corazón?

_____

_____

_____

6. ¿Eres responsable por cada palabra que has dicho en tu vida entera? O ¿crees que solo desaparecerán? (Mateo 12:36)

_____

7. ¿Está bien para el Señor que calumnias a alguien? (1 Corintios 6:10)

8. ¿Deberíamos como creyentes, relacionarnos con los calumniadores? (1 Corintios 5:11 - Proverbios 20:19)

9. ¿Está bien que los creyentes calumnian un poco? (Santiago 4:11)

10. ¿Qué es un calumniador? (Proverbios 10:18)

11. ¿Qué le espera al calumniador si no se arrepiente? (Salmos 101:5)

_____

_____

12. ¿Qué es lo que uno hace como calumniador? (Romanos 2:1)

_____

_____

13. ¿Habrán calumniadores en el cielo? (1 Corintios 6:10)

_____

14. Todo creyente debe;

(1) 1 Pedro 3:10_____

_____

(2) 1 Pedro 2:1_____

_____

_____

15. ¿Qué fruto produce la calumnia?

(1) Proverbios 6:19 _____

_____

(2) Proverbios 16:28 _____

_____

(3) Salmos 140:4 _____

(4) Proverbios 11:9 _____

(5) Mateo 12:36 _____

_____

(6) Proverbios 19:5 _____

Notas;

_____

_____

_____

_____

Respuestas a la Lección 12
Paraíso de los Calumniadores

2. El acusador.

3.
(1) Un calumniador separa a un amigo del otro.

(2) Las palabras del calumniador son como bocados sabrosos.

(3) Donde no hay calumniador, se acaba la pelea.

4. La calumnia proviene del corazón malvado.

5. ?

6. Les digo que en el Día del Juicio la gente tendrá que dar cuenta de cualquier cosa inútil que diga.

7. No.

Ni injuriadores heredarán el reino de Dios.

8. No. No comas ni te asocies con estas personas.

9. No.
"Dejen de hablar mal unos de otros, hermanos. Cualquiera que habla con maldad de un hermano o juzga a su hermano habla

mal de la ley y juzga la ley. Ahora bien, si tú juzgas la ley, no eres alguien que cumple la ley, sino un juez". (Santiago 4:11)

La palabra maldad es de la palabra Griega; Katalaleo, y significa; Ser un catalizador, lo cual es, la acción de calumnia, hablar en contra de alguien o algo. (Maldad de)

10. Quien sea que propaga la calumnia es un insensato.

11. El castigo de Dios golpeará a los calumniadores.

12. El calumniador se condena a sí mismo.

13. Los calumniadores no heredaran el reino de Dios.

14.
(1) Debe refrenar su lengua de lo malo.

(2) Debe librarse de todo tipo de calumnia.

15.
(1) Siembra discordia entre sus hermanos.

(2) Una separación entre amigos.

(3) Es Tóxico.

(4) Es destructivo.

(5) Las personas tendrán que rendir cuentas.

(6) El castigo.

Notas;

Muchas gracias por leer este libro

Espero que haya servido de inspiración para ti, y que puedas tomarte la iniciativa de lanzarte al ministerio que nuestro Señor y Salvador Jesús Cristo tiene para ti.

Es esencial que desarrolles un entendimiento Bíblico de quien es nuestro Dios. Dedica tu vida, entrégale todo al Señor nuestro Dios. El dijo que las señales y maravillas vendrán para quienes crean.

Todo lo viejo, todos los deseos carnales, todo lo que va en contra de la palabra de Dios de tu vida, debe ser arrepentido. Todo conocimiento que necesitas debe venir del Señor. El da a todos los que estén dispuestos a dedicar su vida y obedecer sus mandamientos.

Toma asiento, busca al Señor con todo tu corazón, con todas tus fuerzas, y con toda tu mente.
Entonces lo conseguirás.

Mantente actualizado
Hay nuevos libros en camino. Mantente actualizado a nuestro sitio web para nuevas publicaciones.

www.SecretRevelations.com

Que Dios te bendiga.

Rune Larsen

Dolor o cualquier enfermedad, ¡sé sanado en el nombre de Jesús!

www.ingramcontent.com/pod-product-compliance
Lightning Source LLC
LaVergne TN
LVHW021356080426
835508LV00020B/2295